Zum 50. Geburtstag
viel Freude mit
diesem Buch

wünscht Deine Schwester Gertrud
mit Familie

ANSELM GRÜN

ERFÜLLTES LEBEN – ERFÜLLTE ZEIT

GEDANKEN FÜR DIE SEELE

benno

Erfülltes Leben

ist ein Leben, das blüht und das Frucht bringt.
Wenn das Leben blüht, wenn es fruchtbar ist,
wenn es fließt, wenn es sprudelt,
dann ist es immer schon mit Freude verbunden.
Freude ist Ausdruck wirklichen Lebens.

1

Lebensfreude – Glaubensfreude

Glück kann man nicht machen
und auch nicht kaufen:
Es ist in jedem Augenblick schon da.
Es gilt nur, diese Momente des Glücks wahrzunehmen,
die uns das Leben bietet und die uns Gott schenkt.

Christlicher Glaube –
QUELLE DER FREUDE

Die Aufforderung „Freu dich am Leben!“ ist nicht nur Ausdruck eines persönlichen Optimismus, der sich anderen mitteilen möchte.
Vielmehr zielt diese Aufforderung in die Mitte des christlichen Glaubens. Nach der Bibel ist Gott von seinem Wesen her Liebe. Liebe und Freude aber gehören eng zusammen.

Gott selbst ist die Quelle deiner Freude.

Wenn Gott die Quelle der Liebe ist, dann ist er auch die Quelle der Freude. Die Freude wird von Paulus im Galaterbrief als eine Frucht des Heiligen Geistes verstanden. Sie hat eine spirituelle Grundlage und ist mehr als eine optimistische und fröhliche Grundhaltung.
Blaise Pascal hat uns den Satz hinterlassen: „Der Mensch ist für die Freude geboren.“ Blaise Pascal sieht in der Freude ein Wesensmerkmal des Menschen. Und Spiritualität besteht für ihn darin, den Menschen mit seinem Wesen in Berührung zu bringen. Und dieses Wesen des Menschen ist die Freude. Das ist seine tiefste Bestimmung.

Paul Claudel hat auch einen wichtigen Beitrag zum Thema Freude formuliert. Er meint, dass die Christen einen Auftrag zur Freude haben: „Lehre sie, dass sie keine andere Aufgabe haben als die Freude." Die Freude, die Paul Claudel meint, ist Ausdruck der Liebe, die im Zentrum unseres Glaubens steht.

Diese Beziehung zwischen Liebe und Freude hat auch die große Heilige Elisabeth von Thüringen verstanden, wenn sie als Essenz ihres kurzen Lebens formuliert: „Wo man Liebe sät, wächst Freude empor." So trifft die Aufforderung „Freu dich am Leben" in die Mitte unseres Glaubens. Unser Glaube will sich bei uns dadurch verwirklichen, dass wir die Freude widerstrahlen, die uns Christus durch seinen Geist ins Herz gesandt hat.

In dem Maß, in dem wir zur Freude fähig sind, zeigen wir, dass wir den Glauben verstanden haben, den uns Jesus Christus in seiner Frohen Botschaft, in seinem Evangelium verkündet hat.

Freu dich an deinem Leben! Denn du hast allen Grund dazu. Gott selbst ist die Quelle deiner Freude. Wenn du ihn in dein Herz einlässt, dann findest du die verlorene Quelle der Freude in deinem Herzen wieder. Und dann wird deine Freude sich auch anderen mitteilen und andere erfreuen.

Freude
BRINGT UNS IN BEWEGUNG

„Freude ist der Ausdruck eines erfüllten Lebens“, meint der griechische Philosoph Aristoteles. Die intensivste Freude empfindet der, der seine Fähigkeiten verwirklicht und dessen Aktivität durch keine inneren oder äußeren Blockaden behindert wird. Wer sein Leben selbst gestaltet und wer kreativ ist, der erlebt auch genügend Freude.

Freude ist für Aristoteles eine Energie, die den Menschen antreibt und die Leben in ihm weckt. Das ist für mich ein wichtiger Ansatz, den ich gerne weiterdenken möchte: Freude bringt in uns etwas in Bewegung. Sie ist eine heilende und anregende Kraft. Sie erzeugt Lebendigkeit, und sie treibt zu einem Handeln an, das auch für andere Menschen heilsam ist. Wenn einer nur verbissen arbeitet, wird er keine Freude dabei empfinden. Wer jedoch aus einer inneren Freude an die Arbeit geht, von dem wird Lebensfreude ausgehen.

Es geht nicht darum, die Freude als Gefühl in sich hervorzurufen, sondern in erster Linie darum, das Leben zu steigern, Lebendigkeit zuzulassen, kreativ zu sein, mit sich selbst im Einklang zu sein, die eigenen Fähigkeiten und Möglichkeiten zu entfalten und Lust an der eigenen Lebendigkeit zu haben.

Freude wird uns nicht einfach in den Schoß gelegt. Sie ist Ausdruck eines Lebens, das wir mit aller Leidenschaft leben und in dem wir alle unsere Fähigkeiten entfalten, die Gott uns geschenkt hat.

Erfülltes Leben

Wer lebt, atmet frei.

Leben hat immer auch mit Freiheit und Weite zu tun. Wer lebt, der atmet frei, der entfaltet sich, der blüht auf und der spürt sich. Leben heißt immer auch: spüren, fühlen, sensibel sein, mit allen Sinnen leben. Am rein äußeren Leben kann man sich nicht freuen. Ich kann mich nur an einem Leben freuen, das den Namen „Leben" auch verdient. Und dieses Leben bedeutet Lebendigkeit und Sinnhaftigkeit, es ist erfülltes Leben. Es ist ein Leben, das blüht und das Frucht bringt, so dass andere davon leben können.

Leben und Freude hängen zusammen. In diesem Sinn hat ja Aristoteles die Freude definiert: als Ausdruck erfüllten Lebens. Wenn ich wirklich lebe, dann erfahre ich auch Freude. Dann brauche ich keine Aufforderung, mich über das Leben oder am Leben zu freuen. Wenn das Leben blüht, wenn es fruchtbar ist, wenn es fließt, wenn es sprudelt, dann ist es immer schon mit Freude verbunden. Freude ist Ausdruck wirklichen Lebens.

Leben ist immer etwas Überfließendes.

Jesus versteht sich im Johannesevangelium als der, der uns dieses wirkliche Leben bringt: „Ich bin gekommen, dass sie das Leben haben und es in Fülle haben." (Johannes 10,10)

Das griechische Wort für „Fülle" meint auch „überfließen". So wie ein Brunnen überfließt und auch die Menschen um ihn herum erfrischt, so ist Leben immer etwas Überfließendes. Es teilt sich mit, es bleibt nicht für sich allein.

Jesus vermittelt ewiges Leben. Ewiges Leben ist nicht das Leben nach dem Tod, sondern das Leben, das stärker ist als der Tod, das Leben, das ganz im Augenblick gelebt wird und bei dem Zeit und Ewigkeit zusammenfallen. Es ist intensives Leben. Diesen Sinn meint Jesus auch, wenn er davon spricht, dass wir durch den Glauben jetzt schon vom Tod zum Leben übergegangen sind.

Sich anstecken lassen

Wir Mönche in Münsterschwarzach und in anderen Klöstern beten viermal am Tag die Psalmen. Dabei werden wir in ein Wechselbad der Gefühle eingetaucht. Da begegnen uns Psalmen, in denen der Beter sein trauriges Los beklagt, in denen er mit Gott hadert und gegen seine Feinde schimpft, wir singen Psalmen, die mich zum Lob Gottes und zu Freude und Jubel auffordern.
Natürlich bin ich nicht immer in der Stimmung, die der Psalmist gerade von mir erwartet. Aber wenn ich mich von Worten der Freude anstecken lasse, dann spüre ich, wie sie mir guttun. Da erahne ich, dass diese Worte stimmen. In ihnen komme ich mit dem tiefsten Grund meiner Freude in Berührung. Ich spüre, wie sehr ich mich in eine verdrießliche Stimmung hineinsteigern kann, wie oft ich mich über kleine Dinge maßlos ärgere. Die Psalmen zeigen mir, wie relativ mein Ärger ist und dass ich mir selbst schade, wenn ich mich daran festbeiße.

Wenn ich die Aufforderungen zur Freude in mich hineinfallen lasse, geht mir auf, wie brüchig alle menschliche Freude ist. Die Freude über eine erfüllte Freundschaft wird immer auch durch Zweifel und Eifersucht angenagt. Die Freude über den Erfolg eines Vortrages oder eines Buches relativiert sich schon bald nach den ersten Rückmeldungen oder nach dem ersten Applaus: Ich spüre, dass ich davon auch nicht leben kann. Die Freude über ein gelungenes Gespräch wird abgelöst vom Ärger über die ungelösten Probleme, die unsere Gemeinschaft lähmen.

Unbegrenzt
UND IMMERWÄHREND

Gott ist für den Beter der Garant dafür, dass wieder Freude in sein Leben einkehren wird. Diese Erfahrung dürfen wir immer wieder machen. Nach Regen kommt Sonnenschein, auf das Weinen folgt das Lachen. Im Beten dürfen wir erfahren, dass Gott an uns handelt und unsere Trauer in Freude verwandelt. Gott selbst ist für den Psalmenbeter die Quelle aller Freude.
Bekannt sind die Worte, die der Priester Esra zum Volk sprach, das nach der babylonischen Gefangenschaft wieder nach Jerusalem heimgekehrt war und sich nun versammelt hatte, um die Worte der Heiligen Schrift zu hören. Esra sagt zum Volk: „Heute ist ein heiliger Tag zu Ehren des Herrn, eures Gottes. Seid nicht traurig, und weint nicht ... Macht euch keine Sorgen, denn die Freude ist eure Stärke.“ (Nehemia 8, 9 f)

Ich finde diesen Satz bemerkenswert: „Die Freude am Herrn ist eure Stärke.“ Es ist nicht die Furcht vor Gott, nur ja den Willen Gottes zu erfüllen, nicht das schlechte Gewissen, sondern die Freude am Herrn gibt uns Kraft, die Freude an seiner Botschaft, die Freude an seiner Gegenwart, die Freude an Gott, der uns für würdig hält, ihm zu dienen.
Aber sind das eben nur Erfahrungen des alttestamentlichen Frommen? Können wir die Worte des Psalmisten und die Worte des Priesters und Schriftgelehrten Esra ehrlichen Herzens nachbeten oder nachsprechen?

Im Gebet erahne ich etwas von der unbegrenzten Freude.

Im Gebet erahne ich, dass ich da mit einer Freude in Berührung komme, die nicht brüchig und nicht durch menschliche Unzulänglichkeiten gefährdet ist.

Im Gebet erahne ich etwas von der unzerstörbaren, unbegrenzten und immerwährenden Freude, von der der griechische Mystiker Gregor von Nyssa spricht: von einer Freude, die nicht an das Sichtbare gebunden ist, sondern aus der Verbindung mit Gott strömt. Dann entsteht in mir ein tiefer Friede.
Die Freude, die im Gebet aufkommt, muss ich nicht festhalten. Ich weiß, dass im nächsten Augenblick schon andere Stimmungen das Herz trüben und bedrücken können. Aber ich bin mit der Ahnung einer Freude in Berührung gekommen, die mir niemand nehmen kann.
Diese Freude liegt auf dem Grunde des Herzens verborgen. Sie kann zwar durch den Ärger und die Trauer über misslungene Gespräche und Begegnungen überdeckt werden, aber das Gebet führt mich auf den Grund meiner Seele, in den inneren Raum, in dem mit Gott auch die Freude wohnt.

Die Freude
INS HERZ GELEGT

Wenn ich rufe, gib mir Antwort,
du Gott, der für mich Recht schafft.
Du hast mir Raum geschaffen in der Bedrängnis,
sei mir gnädig und höre mein Beten!
Ihr Mächtigen, wie lange noch schmäht ihr meine Ehre,
wie lang liebt ihr das Nichtige und sucht die Lüge?
Erkennt: Den Treuen hat der Herr sich auserwählt.
Der Herr – er hört es, wenn ich zu ihm rufe.
Erschreckt und lasst die Sünde!
Bedenkt es auf eurem Lager und werdet stille!
Bringet rechte Opfer dar,
auf den Herrn setzt euer Vertrauen!
Viele sind es, die sagen:
„Wer lässt uns Gutes erfahren?
Über uns, o Herr, erhebe dein leuchtendes Antlitz!"
Du hast mir weit größere Freude ins Herz gelegt,
als jene sie haben bei Korn und Wein in Fülle.
In Frieden leg ich mich nieder und schlafe;
denn du allein, Herr, lässt mich sorglos wohnen.

Psalm 4

Psalm 4 singen wir Mönche in Münsterschwarzach immer in der Komplet am Sonntag. Früher war er der tägliche Kompletpsalm.

Die letzten Verse sind für mich ein wunderbares Abendgebet: „Du hast mir weit größere Freude ins Herz gelegt, als jene sie haben bei Korn und Wein in Fülle. In Frieden lege ich mich nieder und schlafe; denn du allein, Herr, lässt mich sorglos wohnen." (Ps 4, 8f) Am Abend dankbar vor Gott und in Gott auszuruhen, das erfüllt mich mit Freude. So kann ich in Frieden schlafen. Von Gott behütet weichen die Sorgen von mir. Das Beschließen des Tages und das Zubettgehen und Schlafen sind nicht einfach nur äußere Tätigkeiten. Vielmehr ist es ein Einüben in ein tiefes Vertrauen. Im Schlafen lasse ich mich in Gottes gute Hände sinken. Ich lasse alles los, was mich beschäftigt, und finde in Gott Frieden und Ruhe. Der Psalm bewirkt in mir Dankbarkeit und Freude und das Vertrauen, nun in Gott sorglos ruhen zu dürfen.

2

Segnen und gesegnet sein

Deine Seele möge Flügel bekommen
und dich über das Alltägliche hinaus
in eine Welt heben, in der du geborgen
und von Liebe eingehüllt
und durchdrungen bist.

Unter Gottes Schutz

Wenn jemand um den Segen bittet, möchte er sich unter Gottes Schutz stellen. Er möchte konkret erfahren, dass Gott auch mit ihm ist. Der Segen ist etwas, was von den offiziellen Kirchen unabhängig ist. Jeder Mensch vermag zu segnen, Doch man würde nicht jeden Menschen um den Segen bitten, sondern nur den, der einen Hintergrund hat, etwa den Vater, die Mutter, den Freund oder die Freundin oder auch den Priester, der geweiht ist. Ich muss Vertrauen haben in den, der mich segnet. Sonst könnte er den Segen mit negativen Absichten verbinden oder aber zu sehr mit seinen eigenen Bedürfnissen. Er könnte mich mit seinem Segen vereinnahmen. Im Psalm 62 heißt es: „Sie segnen mit ihrem Mund, im Herzen aber fluchen sie." (Psalm 62,5) Die Kirche war sich offensichtlich dieser Gefahr bewusst, dass man den Segen missbrauchen kann, und hat daher für die Priester, die offiziellen Segensspender, als Voraussetzung die innere Reinigung verlangt.

Alles ist von Gottes segnender Hand berührt.

Wenn Menschen zu mir kommen, um von mir gesegnet zu werden, frage ich mich: Warum möchten sie persönlich von mir gesegnet werden? Ist es nur das Bedürfnis, berührt zu werden? Oder ist da nicht eine tiefere Sehnsucht in ihnen, die Sehnsucht, von Gottes Hand berührt und in ihrem Alltag begleitet zu werden? Welche Sehnsucht weckt in ihnen den Wunsch nach Segen? Ich habe viel darüber nachgedacht. Ich glaube, dass es die Sehnsucht ist, dass das Leben nicht so sehr unter den Wünschen und Verwünschungen, unter den Erwartungen und Ansprüchen von Menschen steht, sondern unter dem Segen Gottes. Wenn sie mit dem Segen Gottes ihren Weg gehen, dann hoffen sie, dass ihr Leben gelingt und ihr Weg an ein gutes Ziel führt. Ich frage mich natürlich auch, ob die Menschen nicht zu viel in mich hineinprojizieren, ob sie nicht ihre Sehnsucht nach Heilwerden, nach Gelingen, nach der Erfahrung von Gottes Nähe in mich hineinlegen.

Als Kind habe ich immer wieder erfahren, dass mein Vater mich gesegnet hat, wenn ich wieder zurück ins Internat fuhr. Und in unserer Familie hat die Mutter das Brot gesegnet, bevor sie es angeschnitten hat. Ich frage mich, was ich als Kind mit dem Segen verbunden habe. Ich kann es nicht genau beschreiben. Aber offensichtlich war da die Ahnung, dass das Leben mehr ist als äußeres Funktionieren, dass alles, was wir tun, unter den guten Augen Gottes geschieht, dass alles, was für unser Leben wichtig ist, von Gottes segnender Hand berührt und mit seiner Liebe erfüllt ist.

Wenn ich segne

Von der Psychologie her wissen wir, dass die Worte eine Macht haben. Der Segen wirkt genauso, wie der Fluch schadet. Böse Worte bleiben im Herzen eines Menschen hängen. Gute Worte, Segensworte öffnen einen Raum des Lebens und der Liebe. Segensworte können eine Situation verändern. Daher spreche ich nie nur über diesen konkreten Menschen den Segen, sondern immer auch über seine konkrete Lebenssituation. Segensworte vermögen Verwicklungen zu entwirren und Blockiertes zum Fließen zu bringen.
Wenn mich jemand um den Segen bittet, versuche ich, mich in ihn und seine konkrete Situation hineinzuspüren.

Manchmal steht eine ganze Schlange von Menschen an, die um den Segen bitten. Vor einigen Jahren war das nur vereinzelt. Und manchmal hatte ich Hemmungen, vor den anderen Menschen eine so intime Geste wie die Handauflegung zu wagen und ein persönliches Gebet zu sprechen. Doch inzwischen überwindet die Sehnsucht der Menschen meine Scheu, den Segen in einem so lauten Umfeld und in einer so weltlichen Umgebung wie dem Vortragssaal zu spenden.

Wenn mich jemand um den Segen bittet, lege ich ihm die Hände auf. Und dann spüre ich mich in den Empfänger hinein und vertraue den Worten, die dann aus mir herauskommen. Ich möchte mich nicht einfach auf eine feste Formel beschränken, sondern im Segen diesem konkreten Menschen etwas zusagen. Natürlich gibt es da auch feste Formeln, die immer wieder kommen. Aber es ist der Segen für diesen konkreten Menschen.

Segensworte öffnen einen Raum der Liebe.

Manchmal frage ich mich, wie das bei Jesus war. Zu ihm kamen auch Menschen, die von ihm gesegnet werden wollten. Mütter brachten ihre Kinder, dass Jesus ihnen die Hände auflege und sie segne. Väter kamen, damit Jesus ihre kranke Tochter oder ihren schwierigen Sohn segne und ihn mit seinen Händen berühre. Offensichtlich hat Jesus etwas ausgestrahlt, das die Menschen angezogen und sie ermutigt hat, um seinen Segen zu bitten. Manchmal habe ich Angst, dass die Menschen zu viel in mich hineinlegen. Aber ich vertraue darauf, dass jeder Christ im Namen Jesu und von seinem Geist erfüllt zu segnen vermag. Daher ist es für mich wichtig, dass ich beim Segnen die Menschen nicht mit meinen Emotionen überschwemme, sondern durchlässig bin für den Geist Jesu, damit er durch meine Hände in die Menschen einströmen möge.

Ich bin geliebt

Im Segen wendet uns Gott sein freundliches Angesicht zu. Es ist der mütterliche Gott, der sich liebevoll gerade mir zuneigt. Die Erfahrung des Segens hat mit der Grunderfahrung des Kindes zu tun, das in das freundliche und liebende Gesicht der Mutter schaut, die sich über die Wiege beugt. Das Leben des Kindes gelingt nur, wenn es immer wieder diese liebende Zuwendung der Mutter erfährt. Ähnliches können wir vom Segen sagen: Unser Leben gelingt nur, wenn wir immer wieder erleben dürfen: Gott wendet mir sein freundliches Angesicht zu. Ich bin angesehen. Ich bin wahrgenommen. Ich bin geliebt. Im Segen begegnen wir dem mütterlichen Gott.

Wenn wir einen persönlichen Segen über einen Menschen sprechen, so sollte diese mütterliche Zuwendung, diese zärtliche Atmosphäre mütterlicher Liebe darin zum Ausdruck kommen.

Segnen ist immer persönliche Zuwendung. Ich schaue den Menschen an. Ich meditiere mich in ihn hinein, um wahrzunehmen, was dieser konkrete Mensch braucht, was seine tiefste Sehnsucht ist. Der Segen soll nicht irgendein frommes Wort sein, losgelöst von diesem konkreten Menschen, sondern eine persönliche Zusage und Zuwendung, eine Antwort auf die tiefste Sehnsucht und das eigentliche Bedürfnis dieses einen Menschen.

Im Segen begegnen wir dem mütterlichen Gott.

In den letzten Jahren sind irische Segenssprüche sehr beliebt geworden. Sie spiegeln etwas wider von dieser mütterlichen und zärtlichen Atmosphäre, die eigentlich jeden Segen prägen sollte. Sie zeichnen sich durch ihre Bildhaftigkeit aus. Sie bringen die Erfahrungen der Menschen zur Sprache, ihre Erfahrung von Wind und Regen, von Sonne und blühenden Feldern. Du kannst dich von den irischen Segensworten anregen lassen zu eigenen Segensgebeten. Aber wichtiger wäre es, wenn du beim Formulieren des Segens deinem eigenen Gefühl traust und die Worte sagst, die aus deinem Herzen strömen. Wenn du einen Menschen segnest, dann spüre dich in ihn hinein: Was bewegt ihn? Was bräuchte er? Wonach sehnt er sich? Was möchte ich gerade diesem Menschen von Gott her zusprechen?

In der Hand
BERÜHRT DICH GOTT

Die christliche Tradition kennt zwei Grundgebärden des Segnens: das Kreuzzeichen und die Handauflegung.

Wenn Jesus einzelne Menschen gesegnet hat, hat er ihnen die Hände aufgelegt. Die Handauflegung ist eine sehr eindrückliche Gebärde. In ihr vermittle ich dem anderen, dass Gott selbst seine Hand über ihn hält, dass er geschützt und geborgen ist. Ich lege die Hände auf den Kopf. Für die Inder öffnet das Kopf-Chakra den Menschen für das Göttliche. Im Segen strömt Gottes Geist in den anderen ein. Die Hände sind seit jeher das Organ, mit dem ich Gottes Kraft und Gottes Liebe einem anderen vermittle. Für mich selbst erlebe ich die Handauflegung als eine sehr persönliche und intime Geste. Ich spüre die Wärme des anderen. Und manchmal erahne ich, dass da jetzt im anderen etwas Heilendes strömt. Ich kann die Hände schweigend auflegen oder auch mit Worten verbinden. Aber auch wenn ich dabei spreche, ist es für mich wichtig, einige Augenblicke die Hände nur schweigend über dem anderen zu lassen. Was in ihm geschieht, lässt sich letztlich nicht mit Worten ausdrücken. Es ist ein Geheimnis. Es braucht das Schweigen, damit der unbegreifliche und unaussprechliche Gott selbst am anderen handelt.

Im Segen strömt Gottes Geist in den anderen ein.

Wenn ich die Hände auflege, bereite ich mich innerlich vor. Ich versuche, ganz in der Gebärde zu sein und dabei alle eigenen Bedürfnisse und Nebenabsichten loszulassen, damit ich durchlässig bin für Gottes heiligen und heilenden Geist. Dann erlebe ich die Gebärde auch für mich als etwas Heiliges. Ich erfahre mich in dieser Geste als den Kanal, durch den Gottes Liebe rein zum anderen strömen möchte, ohne von meinen eigenen Emotionen verunreinigt zu werden.

Lukas beschreibt die Wirkung dieses Segens auf die Jünger. Sie fallen nieder und kehren in großer Freude nach Jerusalem zurück. Sie erfahren den Segen als etwas Heiliges, vor dem sie in die Knie gehen. In vielen Gemeinden ist es heute noch üblich, beim Segen niederzuknien. Es ist eine Gebärde der Ehrfurcht vor dem, was Gott an ihnen tut. Und die Jünger kehren voll Freude in ihren Alltag zurück. Der Segen ruft in ihnen Freude hervor, die Gewissheit, dass ihr Leben gelingt und Frucht bringt, und das Vertrauen, dass sie in Gottes guter Hand sind, von ihr geschützt und getragen.

Diese Segensgebärde Jesu wiederholt der Priester beim feierlichen Segen am Schluss der Eucharistie.

Die Kraft des Kreuzes
RUHT AUF DIR

Das deutsche Wort „segnen“ kommt von zwei lateinischen Worten: von signare und secare. Signare heißt: bezeichnen. Signum ist das Zeichen. Die Kirchensprache meint damit immer das Kreuzzeichen. Die frühen Christen sahen im Kreuz ein Schutzzeichen gegen alles Böse und ein Zeichen von Gottes Liebe, die alles in ihnen berührt und verwandelt.

Das Kreuz war für die frühen Christen nicht so sehr ein Symbol für das Leiden Christi. Vielmehr übernahmen sie die Deutung des Johannesevangeliums, in dem der Tod Jesu am Kreuz die Vollendung der Liebe ist. Kreuz ist ein Zeichen dafür, dass Jesus uns bis zur Vollendung geliebt hat, dass er alles in uns liebt. Das Kreuz ist ein Bild für die Gegensätze in uns; an denen wir oft genug leiden. Wenn ich mich mit dem Kreuz bezeichne, dann bekenne ich, dass alles Gegensätzliche in mir von Gottes Liebe berührt ist. Es gibt nichts, was von Gottes Liebe ausgeschlossen ist. Durch das Zeichen des Kreuzes vergewissere ich mich leibhaft der Liebe Gottes.

Von Gott BESCHENKT

Der Segen ist ein zentrales Thema der Bibel. Schon bei der Erschaffung des Menschen segnet Gott Adam und Eva: „Gott segnete sie, und Gott sprach zu ihnen: Seid fruchtbar, und vermehrt euch.“ (Genesis 1,28) Der Segen hat hier etwas mit Fruchtbarkeit zu tun, mit Mehrung und Steigerung des Lebens. Die ganze Schöpfung ist ein einziger Segen Gottes. Gott beschenkt den Menschen und lässt sein Leben Frucht bringen. Darin besteht eine Ursehnsucht des Menschen, dass sein Leben nicht nutzlos und fruchtlos bleibe. Wenn es aufblüht, wenn es Frucht bringt in den Kindern oder in einem Werk, dann sieht der Mensch einen Sinn in seinem Leben. Der Segen ist eine Zusage Gottes an den Menschen, dass sein Leben unter dem Schutz Gottes steht und Anteil hat an der schöpferischen Kraft Gottes, die sich im Menschen ausdrückt und Frucht bringt.

Die große Not des Menschen besteht darin, dass ihm sein Leben sinnlos vorkommt, und dass es ohne Frucht bleibt. Eheleute leiden oft an Kinderlosigkeit. Unverheiratete Menschen haben manchmal den Eindruck, dass sie nichts in dieser Welt hinterlassen. Sie können weder Kinder noch ein großes Werk vorweisen. Es ist eine Ursehnsucht, dass das Leben Frucht bringt. Damit der Mensch mit sich in Einklang kommt, braucht er das Gefühl, etwas zu erzeugen, etwas Bleibendes zu schaffen.

Das Wort
SCHAFFT EINE WIRKLICHKEIT

In der christlichen Tradition wird der Segen immer mit einem Wort verbunden. Das griechische (eulogein) und das lateinische (benedicere) Wort für Segnen meint: Gutes sagen, gut vom anderen sprechen, Gutes zusagen. Die Worte, die wir mit einem Segen verbinden, müssen daher gut gewählt sein. Es gibt viele vorformulierte Segensworte. Sie passen für Gelegenheiten, für die sie gedacht sind. Und oft haben sie eine große Kraft in sich. Es ist gut, den Segen mit diesen vorgegebenen Worten zu spenden. Doch manchmal braucht es auch eigene persönliche Worte, um zu segnen. Das gilt vor allem dann, wenn ich einen Menschen in einer ganz bestimmten Situation segne. Das Wort schafft Beziehung zum anderen. In den Segensworten spreche ich diesem konkreten

Menschen zu, was Gott ihm schenken möge, wie Gott ihn sieht und was er für Gott bedeutet. Segnen ist mehr als Fürbitte. Segnen ist Zusage: „Du bist von Gott geliebt. Gott schätzt dich. Du bist vor ihm wertvoll und kostbar.“ Beim Propheten Jesaja sagt Gott dem Volk Israel zu – und dieses Wort gilt für jeden Einzelnen, den wir segnen: „Weil du in meinen Augen teuer und wertvoll bist und weil ich dich liebe, gebe ich für dich ganze Länder und für dein Leben ganze Völker.“ (Jesaja 43,4)

Der Gesegnete spürt, dass sich Gott selbst gnädig zu ihm herabbeugt.

Das Segenswort tut der Seele gut. Es soll all die verletzenden Worte verdrängen, die wir im Laufe unseres Lebens gehört haben. Wenn die Worte beim Segnen sorgfältig gewählt werden, dann kommt der Gesegnete nicht auf die Idee, Segen sei etwas Magisches. Er spürt, dass sich im Segen Gott selbst gnädig zu ihm herabbeugt, dass Gott seine gute Hand über ihn hält und ihm Worte der Liebe, der Ermutigung, der Bestärkung, der Hoffnung zuspricht. In den Worten kann Gottes Segen in das Herz des Menschen eindringen. Ich erlebe manchmal, wie Menschen zu weinen beginnen, weil sie die Worte berühren, die ich ihnen zuspreche. Ich weiß, dass es nicht an meiner Fähigkeit liegt zu formulieren. Wenn ein Wort den anderen trifft, ist es immer Geschenk. Es ist nie mein Verdienst. Es ist immer Gnade. Und ich bin dann selbst dankbar, weil ich in diesem Augenblick ganz durchlässig sein durfte für Gottes Gnade und sie nicht mit meinen Nebenabsichten verdunkelt habe.

Segen für dich

Der barmherzige und gute Gott segne dich.
Er umhülle dich mit seiner liebenden und heilenden Gegenwart.
Er sei mit dir, wenn du aufstehst und dich niederlegst.
Er sei bei dir, wenn du aus dem Haus gehst
und wenn du wieder zurückkehrst.
Er sei mit dir, wenn du arbeitest. Er lasse dein Werk gelingen.
Er sei mit dir in jeder Begegnung
und öffne dir die Augen für das Geheimnis,
das dir in jedem menschlichen Antlitz aufleuchtet.
Er behüte dich auf all deinen Wegen.
Er stütze dich, wenn du schwach wirst.
Er tröste dich, wenn du dich einsam fühlst.
Er richte dich auf, wenn du gefallen bist.
Er erfülle dich mit seiner Liebe, mit seiner Güte und Milde,
und er schenke dir inneren Frieden.
Das gewähre dir der gute Gott,
der Vater, der Sohn und der Heilige Geist.
Amen.

3

Gottes Gegenwart spüren

Wer im Augenblick lebt,
der kann ihn ganz kosten und genießen,
für den wird die Erfahrung des vollen Lebens,
des Lebens in Fülle,
zugleich die Erfahrung Gottes sein.

Gegenwart Gottes

Für die Bibel ist Gott der eigentliche Schatz, das Gold, das unser Leben bereichert. Der Psalmist betet: „Du legst mir größere Freude ins Herz, als andere haben bei Korn und Wein in Fülle." (Psalm 4, 8) Gott ist unser wahrer Schatz, weil er uns beschenkt mit allem, was wir zum Leben brauchen.

Aber der Psalmist meint noch etwas anderes: Gott selbst ist der Grund meiner Freude, unabhängig von dem, was er mir schenkt. Allein Gott zu spüren bewirkt mehr Freude als eine Mahlzeit mit köstlichen Speisen und köstlichen Weinen. Die Gotteserfahrung erfüllt unsere tiefste Sehnsucht. Wenn wir Gott spüren, dann ist unser Herz glücklich. Dann haben wir alles, was wir brauchen.

Die Frage ist, wie und wo wir Gott spüren können. Wir können die Erfahrung Gottes nicht erzwingen. Sie ist immer ein Geschenk. Aber es braucht bestimmte Bedingungen, damit dieses Geschenk auch bei uns ankommen kann: Ein Weg ist die Aufmerksamkeit und Offenheit. Ich betrachte die Welt mit offenen Augen. Ich sehe nicht nur das Äußere, sondern ich schaue tiefer. Dann erkenne ich in allem Gott. Gott durchdringt die Natur. Gott spricht zu mir durch alles, was mir begegnet. Alles kann zum Symbol für Gott werden. So hat es auch Jesus gesehen, wenn er sich mit verschiedenen Bildern bezeichnet: als Tür, als Wasser des Lebens, als Brot, das vom Himmel herabkommt, als den wahren Weinstock.

Wenn wir Gott spüren, dann ist unser Herz glücklich.

In allem, was wir schauen, schauen wir letztlich das Geheimnis Gottes. Und in allem können wir Gott wahrnehmen. Wenn wir uns in den Wind stellen, können wir uns vorstellen, dass Gott uns zärtlich streichelt. Wenn wir uns von der Sonne wärmen lassen, können wir uns vorstellen, dass Gottes Liebe den ganzen Leib durchdringt. Wenn wir zum Sternenhimmel aufschauen, erahnen wir etwas von der Erhabenheit und unendlichen Größe Gottes. In allem umgibt uns Gottes liebende und heilende Gegenwart.

Wenn wir so durch die Welt gehen, fühlen wir uns überall und immer von Gottes Liebe eingehüllt. Die Nähe Gottes, die uns umgibt, befreit uns von der uns oft bedrängenden Nähe von Menschen, die uns nicht guttun, oder von Menschen, die ständig Erwartungen an uns haben. Die heilende Nähe Gottes ist wie ein Schutz um uns.

Nur wenn der Mensch mit allen seinen Sinnen lebt,
kann er eine gute Beziehung aufnehmen
zu Gott, zu den Menschen, zu den Dingen
und zu sich selbst.

Ein innerer Schatz

Gott ist aber auch der Schatz in unserem Inneren. Gott ist nicht nur der Schöpfer, der die ganze Welt geschaffen hat und sie mit seinem Geist durchdringt. Er wohnt auch in uns. So hat es uns Jesus selbst zugesagt: „Mein Vater wird ihn lieben, und wir werden zu ihm kommen und bei ihm wohnen." (Johannesevangelium 14,23) Wenn wir in uns hineinhorchen, dann stoßen wir nicht nur auf die eigenen Gedanken und Gefühle, auch nicht nur auf das wahre Selbst. Auf dem Grund unserer Seele wohnt vielmehr Gott. Oder wie es Paulus ausgedrückt hat: Unser innerster Kern ist Jesus Christus selbst: „Nicht mehr ich lebe, sondern Christus lebt in mir." (Galaterbrief 2,20)

Gott, der auf dem Grund meiner Seele wohnt, ist allerdings unverfügbar. Ich kann Gott nicht besitzen. „Es ist ein Geheimnis, dass er in mir Wohnung genommen hat. Aber die Tatsache, dass ich um Gottes Wohnen in mir weiß, verwandelt mein Selbstgefühl. Ich fühle mich wie eine Monstranz, die Christus trägt. Oder ich fühle mich wie Christophorus, der Christusträger. Ich trage aber Christus nicht wie der Heilige auf meinen Schultern, sondern in meinem Innern."

Auf dem Grunde unserer Seele wohnt Gott.

Vielleicht denkst Du: „Das möchte ich auch gerne so wahrnehmen. Aber es entspricht nicht meiner Erfahrung." Du kannst diese Erfahrung nicht erzwingen. Aber versuche, mit den Augen des Glaubens in die Welt zu schauen.

MEDITATIONSÜBUNG:

In allem Gott erkennen

So betrachte einmal mit diesen Augen die Natur, dann wirst du in allem Gott erkennen. Gott ist der Grund allen Seins. Gott umgibt uns. So hat es der Evangelist Lukas gesehen, der in der Areopagrede den Apostel Paulus sagen lässt: „In ihm leben wir, bewegen wir uns und sind wir." (Apostelgeschichte 17,28)
Schau mit den Augen des Glaubens die Menschen an, die dir begegnen. Was siehst du da? Siehst du nur dieses Gesicht, das du schon kennst, von dem du dir schon ein festes Bild gemacht hast? Oder siehst du in ihm nicht ein Geheimnis, das größer ist als dieser konkrete Mensch. Der heilige Benedikt hat uns gemahnt, wir sollen in jedem Bruder und in jeder Schwester Christus sehen. Wir sollen den anderen nicht festlegen auf das,

was wir äußerlich sehen. Wir sollen auf den Grund schauen. Und da entdecken wir in jedem Menschen Christus, den göttlichen Kern, Gott selbst, der darin wohnt.
Und dann schau in dich selbst hinein. Versuche daran zu glauben, dass du in der Tiefe deiner Seele auf etwas stößt, das du nicht mehr greifen kannst, auf ein Geheimnis, das größer ist als du. Versuche zu glauben, dass auch in dir Christus wohnt. Du kannst damit nicht angeben und dich über andere stellen. Aber wenn du es in einer stillen Meditation erahnst, dann erlebst du dich anders. Dann hören alle deine Ängste und Zweifel auf. Du bist dankbar, dass in dir Gott selbst Wohnung genommen hat. Du spürst deinen inneren Wert. Gott vergoldet dein Leben auf dem Grund deiner Seele. Das macht dich unendlich wertvoll.

Versuche zu glauben, dass du in der Tiefe deiner Seele auf ein Geheimnis stößt.

Die Sehnsucht
SPÜREN

Ein Schiff sehnt das Meer herbei, denn es ist seine Bestimmung, im Meer zu fahren. Ein Schiff ohne Meer ist kein Schiff. Ähnlich ist es mit der menschlichen Seele: Die Seele sehnt ihre Bestimmung herbei. Ihre Bestimmung ist es, mit Gott eins zu werden. Gott ist schon auf dem Grund der Seele. Das Suchen selbst ist der goldene Grund, der die Seele vergoldet. Der Mensch ist wesentlich einer, der sich nach Gott sehnt.
Gott können wir oft nicht spüren. Aber die Sehnsucht können wir spüren. Die Sehnsucht ist die Spur, die Gott in unser Herz gegraben hat. Es ist die goldene Spur, die unser Leben wertvoll macht. In der Sehnsucht nach Gott ist schon Gott. In ihr berühren wir den Zipfel Gottes in unserem Herzen.

Gott kann man nicht mit den Händen greifen
oder mit den Augen sehen,
aber man kann in seiner Seele Räume öffnen,
die ein Gespür für Gott ermöglichen.

Die Nahrung der Seele

Wenn ich mit Sehnsucht in eine Landschaft schaue, so sehe ich in der Landschaft die Geborgenheit und Heimat, die sie schenkt, das Eingebettetsein in die Schöpfung. Da wird auf einmal Schönheit sichtbar und in der Schönheit der Landschaft etwas von der Schönheit an sich, von der Schönheit, die ein Attribut Gottes ist.

Der österreichische Schriftsteller und Arzt Arthur Schnitzler (1862-1931) meint: „Die Sehnsucht ist es, die unsere Seele nährt, und nicht die Erfüllung.“ Mit der Seele verbinden wir die Vorstellung von Weite, Freiheit, Lebendigkeit, Geistigkeit. Die Seele will atmen. Die Sehnsucht ist wie der Atem und die Nahrung der Seele. Da wird die Seele weit und erhebt sich über die Enge dieser Welt. Da gelangt sie in ihr Eigenes.

„Die Sehnsucht ist es, die unsere Seele nährt.“

Die Erfahrung der Erfüllung ist für Seele ebenfalls wichtig: Die Seele braucht Orte, an denen sie genießen kann, an denen sie das Einswerden erfährt mit Gott, mit allem, was ist. Aber die Seele braucht auch die Sehnsucht, damit sie weitergeht. Denn die Einheit, die sie manchmal erspürt, bleibt nicht. Sie entschwindet ihr immer wieder.

Völlig eins mit Gott wird die Seele erst im Tod werden. Solange sie hier lebt, braucht sie die Sehnsucht, dass sie weiterwandert auf dem inneren Weg. Die Sehnsucht ist wie das Brot, das vom Himmel kommt, um die Seele auf ihrem Weg von den irdischen Niederungen zur Höhe des Himmels zu nähren und zu stärken.

AUS DER BENEDIKTREGEL:

sich verändern lassen

Gottes Gegenwart ist nicht etwas immer Gleiches, sie gleicht nicht einem unpersönlichen Raum, der uns umgibt, sondern wirkt wie eine vertraute Person, die uns immer wieder neu anspricht. Natürlich ist Gott für Benedikt von Nursia auch der Geist, der uns durchdringt. Aber wir verschmelzen nicht mit Gott. Wir gehen nicht in Gott auf. Vielmehr tritt uns Gott immer als Gegenüber entgegen, als einer, der uns herausfordert. Je nach der Situation und je nach dem Wort, in dem uns Gott anspricht, begegnet er uns immer wieder auf eine neue und oft genug überraschende Weise. Wenn wir allein schweigend in unserem Zimmer sitzen, dann erfahren wir Gott in dem Wort „Siehe, da bin ich" anders, als wenn wir uns im Streit mit einem Menschen daran erinnern. Aber nie erfahren wir Gott als unverbindliche Atmosphäre des Göttlichen, sondern immer als Person, die uns gegenübertritt und uns herausfordert. Gott will uns durch sein Wort ändern, er will uns von unseren Fehlhaltungen befreien und uns in seinem Wort mit seinem Geist erfüllen.

Gott will uns durch sein Wort ändern.

Der Gedanke vom Leben in der Gegenwart Gottes prägt Benedikts Weisungen zum Gebet.

Weil Gott der ist, der uns anspricht, darum müssen wir uns zuerst seinem Wort öffnen, wir müssen uns anreden lassen. Das geschieht in der Lesung seines Wortes. Wir sind heute in Gefahr, diesem Angesprochenwerden auszuweichen; wir meinen, wir müssten selbst ständig Gebete produzieren, und merken gar nicht, wie geschwätzig unser Beten wird. Oder aber wir ziehen uns ins Schweigen zurück, wir fliehen vor dem Wort in die Stille und meinen, das Genießen der Stille sei schon Begegnung mit Gott.

Zuerst kommt das Wort Gottes, das mich anspricht, mich trifft, mich in Frage stellt, mich verwundet und richtet, mich aber auch heilt und befreit. Sowohl Gebet als auch Stille können nur eine Antwort auf Gottes Wort sein und dürfen ihm nicht zuvorkommen. (So fordert Benedikt, dass das Gebet häufig, aber kurz sein soll. In ihm soll der Mönch dem Wort Gottes antworten und seine Bereitschaft ausdrücken, dem Anspruch Gottes auch im Tun zu folgen. Bei Benedikt finden wir daher keine Lehre vom mystischen Gebet, sondern sehr nüchterne Anweisungen, in jeder Situation immer wieder seinen Alltag auf Gott hin zu öffnen.) Das Entscheidende ist eben nicht unser Tun, sondern das Leben von Gott her, in seiner Gegenwart, im Hören auf sein Wort, das uns anspricht und uns den Weg weist. (Im Gebet antwortet der Mönch, dass er Gottes Wort gehört hat und nun bereit ist, ihm zu folgen.)

Ins Innerste des Herzens

In der Gegenwart Gottes leben heißt zuerst, dass ich mir von Gott ständig in das Innerste des Herzens schauen lasse, dass ich ihm alle Gedanken und Gefühle bloßlege, um mich von ihm fragen zu lassen, wie weit ich an mir hänge, wie weit ich bereit bin, mich auf Gott einzulassen. Das Leben in der Gegenwart Gottes ist ein beständiger Läuterungsprozess. Alle Gefühle und Gedanken, die mir in meinem alltäglichen Tun, sei es bei der Arbeit, sei es im Gebet, aufsteigen, werden in Gottes durchdringendes Licht gehalten, um von ihm durchleuchtet zu werden. So führt das Leben vor Gott zu einer immer tieferen Selbsterkenntnis.

In der Gegenwart Gottes leben heißt, dass ich mir von Gott in das Innerste des Herzens schauen lasse.

Nichts bleibt uns im Lichte Gottes verborgen, keine unbewältigten Erlebnisse, keine verworrenen Gefühle, keine Wünsche und Bedürfnisse, keine Gedanken und Stimmungen. Vor Gott lebend stoßen wir überall auf uns selbst. Gott selbst konfrontiert uns mit unserer eigenen Wirklichkeit, damit wir sie erkennen können und sie von ihm läutern lassen.

4

Auf dem Weg zu meinem wahren Selbst

Glauben heißt,
sich immer wieder auf den Weg zu machen,
sich immer wieder zu fragen,
wie man die Welt, sein Leben und Gott versteht.

Wenn wir unsere Lebensträume zulassen,
dann erkennen wir,
welche Möglichkeiten uns bereitstehen,
unser wahres Selbst zu leben.

Lebensträume SCHENKEN ENERGIE

Viele Menschen sind heute abgeschnitten von ihren Wurzeln. Sie leben planlos und oft genug sinnlos dahin. Das tut der Psyche nicht gut. Wer ziellos herumirrt, der wird seine Fähigkeiten nicht entfalten. Er wird überall etwas anfangen, aber nichts zu Ende bringen. Er wird überall nippen, aber nicht wirklich trinken.

Der Lebenstraum führt in die Weite.

Natürlich steckt im Lebenstraum auch die Gefahr, sich zu früh festzulegen. Man ist so fixiert darauf, den Hof des Vaters zu übernehmen, dass man an gar nichts anderes denkt. Oder eine Tochter ist von Anfang an derart vom Geschäft des Vaters fasziniert, dass für sie gar nichts anderes in Frage kommt, als seine Nachfolge anzutreten. Das kann auch den Horizont verengen und dazu führen, dass sie wichtige Seiten an sich nicht entwickelt oder sich überhaupt nicht fragt, was ihr das eigene Herz sagt. Dem Lebenstraum fehlt dann die Weite und Offenheit. Es ist weniger ein Lebenstraum, in den man hineinwachsen kann, als vielmehr ein Prokrustesbett, das einen einengt und einen in den eigenen Möglichkeiten und Fähigkeiten beschneidet. Man dachte, es sei der eigene Lebenstraum. Aber dann entdeckt man, dass es eigentlich der Traum des Vaters oder der Mutter war, den man sich zu Eigen gemacht hat.

Der Traum führt in die Weite, die Erwartung in die Enge. Sie wird uns irgendwann zur Last. Sie schenkt uns keine Energie, sondern raubt uns diese. So muss sich der Sohn oder die Tochter frei fühlen, ob sie den Hof oder die Firma wirklich aus eigener Entscheidung übernehmen oder ob sie nur die Eltern nicht enttäuschen möchten. Ihre Entscheidung hat schon ein konkretes Thema.
Der Lebenstraum treibt mich an, einen konkreten Weg einzuschlagen. Er bündelt meine Kräfte und Fähigkeiten, damit sie sich in einer klaren Weise entfalten. Wenn ich mich dann in einer Richtung entwickelt habe, muss ich nochmals überprüfen, ob mein Lebenstraum diesem konkreten Weg wirklich entspricht oder ob darin noch ein größerer Horizont steckt, ob er nur dazu da war, mich voranzubringen, um mir jetzt neue Perspektiven zu eröffnen. Ganz gleich, wie konkret ich meinen Lebenstraum sehe, irgendwann ist der Zeitpunkt gekommen, an dem ich ihn aus einer größeren Perspektive betrachten soll. Aber auf jeden Fall soll ich dankbar sein, dass die Verfolgung dieses Lebenstraums mir geholfen hat, an mir zu arbeiten und mich weiterzuentwickeln. Es ist jedenfalls meine Aufgabe, die Konkretisierung des Lebenstraums von seiner Essenz zu unterscheiden. Die Konkretisierung kann sich ändern. Die Essenz des Lebenstraumes muss jedoch bleiben, damit wir unserem Wesen treu bleiben. Die Essenz ist wie der rote Faden, der unser Leben durchzieht. Ohne diesen roten Faden zerbricht unser Leben in Einzelteile. Das tut unserer Seele nicht gut.

Nie zu spät FÜR NEUANFÄNGE

Viele verdrängen das Zerplatzen der eigenen Lebensträume. Sie stürzen sich in tausend Aktivitäten, um sich abzulenken. Oder sie haben den Eindruck, sie hätten etwas Wichtigeres zu tun, als sich mit den kindlichen Lebensträumen zu beschäftigen. Doch manchmal zwingt sie eine Krankheit, sich der eigenen Wahrheit zu stellen. Sie haben den Widerstand ihrer Seele gegen das Leben, das sie als Ersatz für die zerplatzten Lebensträume gewählt haben, überhört. Jetzt rebelliert der Leib durch eine Krankheit oder die Seele durch Erschöpfung oder Depression dagegen. Jetzt müssen sie sich ihrer Wahrheit stellen. Die Frage ist, wie sie auf das schmerzliche Gefühl der zerstobenen Illusionen reagieren sollen.

Die angemessene Reaktion ist, das Zerplatzen der Lebensträume zu betrauern. Es ist ein schmerzlicher Prozess, Abschied zu nehmen von den Träumen, die man sich einmal von seinem Leben gemacht hat. Es tut weh, sich einzugestehen, dass man das Leben nicht zurückdrehen kann. Alexander und Margarete Mitscherlich meinen in ihrem berühmten Buch „Die Unfähigkeit zu trauern“ sinngemäß: Wer das Betrauern seiner Illusionen, auf die er sein Leben gebaut hat, vermeidet, der erstarrt innerlich. Er wird in seiner seelischen Entwicklung, in seinen zwischenmenschlichen Beziehungen und in seinen schöpferischen Fähigkeiten behindert. Wer die Trauerarbeit wegen seiner zerbrochenen Lebensträume verweigert, der erfährt „einen psychischen Energieverlust“ und oft genug einen Selbsthass, der über die Selbstanklage bis hin zur Selbstzerfleischung führt. Die Folge dieser „Ich-Verarmung“ ist die Unfähigkeit, kreativ auf die Herausforderungen des Lebens zu antworten. Man wird innerlich unbeweglich und starr.

Wenn wir wieder Anschluss finden an unseren Lebenstraum, können wir ihn neu entfalten.

Die Vergangenheit können wir nicht rückgängig machen. Das, was wir bisher gelebt haben, entspricht zwar nicht unserem Lebenstraum, aber wir haben dabei auch Erfahrungen gesammelt, die für uns wichtig sind. Wenn wir mit diesen Erfahrungen wieder Anschluss finden an unseren ursprünglichen Lebenstraum, dann können wir ihn auf neue Weise entfalten. Nicht der Lebenstraum an sich ist zerbrochen, sondern nur die Konkretisierung. Doch vielleicht war diese Konkretisierung zu sehr vermischt mit unseren eigenen Wünschen und Vorstellungen. So gilt es jetzt, zum Eigentlichen, zur Essenz des Lebenstraums vorzustoßen und diese zu verwirklichen. Es ist nie zu spät, mit seinem Lebenstraum anzufangen.

Die Essenz des Lebenstraums

Wenn unsere Lebensträume zerbrochen sind, wäre es unsere Aufgabe, nach dem Betrauern über das Zerbrochene und dem Sich-Verabschieden von illusionären Vorstellungen an den ursprünglichen Lebenstraum anzuschließen. Vielleicht haben wir den Lebenstraum zu eng gesehen. Vielleicht dachten wir, er sei nur in diesem Beruf, in dieser Partnerschaft, in dieser Aufgabe zu erfüllen. Doch das Leben hat uns gezeigt, dass es auf diesem Weg nicht weitergeht. Dann ist nicht unser wirklicher Lebenstraum zerbrochen, sondern nur das Bild, das wir uns von ihm gemacht haben. Es wäre an der Zeit, den ursprünglichen Lebenstraum nochmals genauer anzuschauen, ihn zu meditieren und sich zu fragen, wie er eigentlich gemeint war und wie er jetzt, nach dem vermeintlichen Zerbrechen auf neue Weise verwirklicht werden könnte.

Vielleicht entdecke ich dann die Essenz meines Lebenstraums. Und diese Essenz lässt sich auch heute verwirklichen, wenngleich in anderer Weise, als ich mir das als Kind oder junger Mensch vorgestellt habe.

Es ist nie zu spät, an die frühen Lebensträume anzuschließen. Wir können diese Lebensträume nicht eins zu eins umsetzen. Aber es gibt dennoch Wege, die Essenz dieser Lebensträume in jeder Lebensphase zu verwirklichen. Dabei ist es wichtig, nach der wirklichen Essenz zu fragen. Manchmal haben wir uns die Lebensträume ja allzu konkret ausgedacht. Durch das Scheitern der Lebensträume oder aber durch ihr Vernachlässigen macht sich in uns oft das Gefühl breit, dass wir an uns vorbeigelebt haben. Wir haben vielleicht manchmal nicht authentisch gelebt. Aber wir haben trotzdem gelebt. Und irgendetwas ist in diesem Leben immer in uns gewachsen. Sobald es uns bewusst wird, dass wir an uns vorbeigelebt haben, können wir es ja korrigieren. Und dann wäre es unsere Aufgabe, unser Leben im Licht unserer ursprünglichen Lebensträume anzuschauen. Dann werden wir erkennen, wie wir jetzt in diesem Augenblick mehr mit unserem wahren Wesen in Berührung kommen und unseren Lebenstraum auf eine heute angemessene Weise verwirklichen können.

Die Essenz der Lebensträume können wir in jeder Lebensphase verwirklichen.

Auf innere Impulse hören

Statt uns Vorwürfe zu machen, dass wir unseren Lebenstraum nicht gelebt haben, sollten wir uns vor Augen führen, dass all die Erfahrungen, die wir seit unserer Kindheit gemacht haben, auch die Erfahrungen von Entfremdung, von Scheitern, von Abgeschnittensein von unserem wahren Selbst, wichtig waren, um jetzt von neuem die Spur unseres Lebenstraums aufzugreifen und ihn jetzt auf die Weise zu leben, die Gott uns heute zutraut. Wenn wir uns nur immer Vorwürfe machen, dass wir das oder jenes versäumt oder an uns und unseren Träumen vorbeigelebt haben, bleiben wir in der Lebensverweigerung stecken.

Der Lebenstraum erzeugt in uns oft einen starken Energieschub.

Und das, was wir uns vorwerfen, hindert uns daran, das, was in uns angelegt ist, zu leben. Wenn der ursprüngliche Lebenstraum sich wieder in uns regt – durch eine Krank-

heit oder Krise, durch einen Traum oder durch eine Depression, durch die Begegnung mit einem Buch oder einem Denker –, dann erzeugt er in uns oft einen starken Energieschub. Dieser Energieschub ist ein gutes Kriterium dafür, dass wir uns keine Illusionen machen, sondern dass wir mit unserem eigentlichen Lebenstraum in Berührung gekommen sind. Manchmal fühlen wir uns zu ganz bestimmten Büchern hingezogen. Oft ist es eine innere Ahnung, dass uns dieses Buch jetzt weiterhelfen oder uns in Berührung mit dem ursprünglichen Lebenstraum bringen könnte. Es ist gut, wenn wir auf solche inneren Impulse hören. Oder aber wir begegnen einem Menschen, der uns von seiner Lebensaufgabe oder einem interessanten Projekt erzählt. Auf einmal spüren wir in uns eine starke Energie, uns genauer mit diesem Projekt zu befassen. Oder aber wir bekommen auf einmal die Idee, selbst ein Projekt zu starten, das schon lange in unserer Seele schlummerte, das wir aber immer mit rationalen Argumenten von uns weggeschoben haben. Immer wenn wir in einer Begegnung, bei einem Film, bei einem Erlebnis einen starken Energieschub in uns wahrnehmen, ist es ein Zeichen, dass wir mit unserem ursprünglichen Lebenstraum in Berührung kommen.

Es ist gut, wenn wir auf innere Impulse hören.

Wir sollten diesen Energieschub nicht überhören. Manchmal kann sich diese Energie auch unter negativem Vorzeichen melden, zum Beispiel als Depression. Sie zwingt uns dann, genauer hinzuschauen, warum unsere Seele mit Traurigkeit reagiert. Vielleicht werden wir traurig, weil wir daran erinnert werden, dass wir unseren ursprünglichen Lebenstraum übergangen haben. Die Depression hindert uns daran, ihn weiterhin zu überspringen. Jetzt ist es Zeit, dass wir uns dem ursprünglichen Lebenstraum wieder zuwenden und ihn so verwirklichen, wie es für uns heute stimmt.

Entdecke
DEINE EIGENEN MÖGLICHKEITEN

Nicht nur der Mensch hat Lebensträume. Gott hat auch von uns einen Traum. Bevor ein Mensch entsteht, hat Gott von ihm geträumt. Die geistliche Tradition hat diesen Traum Gottes von jedem einzelnen Menschen in verschiedenen Bildern zum Ausdruck gebracht. Gott spricht über jeden Menschen ein Passwort – so sagt es Romano Guardini. Und unsere Aufgabe besteht darin, dieses einmalige Wort, das Gott nur über mich ausspricht, in dieser Welt vernehmbar werden zu lassen.

Jeder Mensch ist ein einzigartiger Ausdruck Gottes.

Thomas von Aquin hat ein anderes Bild: Jeder Mensch ist ein einzigartiger Ausdruck Gottes. Es gibt etwas Göttliches, das nur durch mich ausgedrückt und von anderen

Menschen nur durch mich erlebt werden kann. Das Wort, das Gott nur in mir spricht, und das Bild, das er in mir verwirklicht, kann ich nicht genau beschreiben. Aber ich spüre, dass ich mit dem Passwort und mit dem ursprünglichen Bild Gottes in mir in Berührung bin, wenn ich innerlich stimmig bin, wenn ich im Frieden bin mit mir selbst und wenn das Leben fließt.

Wenn wir den Traum Gottes von uns selbst erkennen wollen, dann ist es hilfreich, den menschgewordenen Traum Gottes in Jesus Christus zu meditieren. Indem wir betrachten, wie dieser Mensch Jesus gelebt, wie er gesprochen, wie er gedacht und gehandelt hat, entdecken wir unsere eigenen Möglichkeiten. Zugleich sollen wir aber auch in uns selbst hineinhorchen und spüren, wo bei uns eine Resonanz entsteht. Dort, wo wir im Frieden sind mit uns selbst, dort, wo etwas in uns aufblüht, wo etwas lebendig wird, da sind wir in Berührung mit dem Traum Gottes von uns. Da stimmen unser eigener Lebenstraum und der Traum Gottes von uns miteinander überein. Wenn wir diesen Traum erkennen, ist es für uns heilsam. Wir leben dann wirklich unser eigenes Leben, anstatt uns von äußeren Erwartungen leben zu lassen.

Wenn wir unsere Krisen als Chancen entdecken, dann werden wir in uns neue Möglichkeiten des Lebens entwickeln.

Mein wahres Selbst

Wenn wir durch alle Trauer und alles Abschiednehmen von zerbrochenen Lebensträumen hindurch auf den Grund unserer Seele vordringen, dann erkennen wir dort das wahre Selbst. Eine Hilfe, dieses Selbst zu erkennen, könnte sein: Ich setze mich zur Meditation und sage mir mit jedem Atemzug vor: „Ich bin ich selbst." Beim Einatmen sage ich still: „Ich bin" und beim Ausatmen „ich selbst". Mit jedem Atemzug dringe ich tiefer durch den Trauerkloß hindurch, der in meiner Brust hängt, und erahne, dass unterhalb dieses Trauerkloßes der geheiligte Bezirk des wahren Selbst ist. Indem ich dieses Wort mir immer wieder vorsage, erahne ich, wer ich in Wirklichkeit bin. Ich kann es nicht mehr beschreiben. Aber ich spüre in mir eine tiefe innere Freiheit. Ich muss mich nicht beweisen. Ich muss mich vor niemandem rechtfertigen. Ich darf einfach sein. Ich bin einfach ich selbst. Ich komme in Berührung mit dem ursprünglichen Traum Gottes von mir. Das schenkt mir Frieden, Lebendigkeit, Freiheit und Weite. Aller Druck, den ich mir selbst setze, aller Druck, den andere auf mich ausüben, fällt von mir ab. Und ich erahne, dass ich im Tiefsten mit mir im Einklang bin. Diese Erfahrung schenkt mir neue Energie. Auf einmal habe ich Lust, ich selbst zu sein und meinen ursprünglichen Traum vom Leben, den Traum, den Gott selbst von mir geträumt hat, Wirklichkeit werden zu lassen. Ich brauche mich dabei vor niemandem zu rechtfertigen oder zu verteidigen, und ich muss niemandem erklären, warum ich so lebe und nicht anders.

Ich spüre in mir eine tiefe innere Freiheit. Ich bin einfach ich selbst.

Ich lebe einfach. Das befreit mich zu mir selbst und lässt mich vor Gott authentisch leben, im inneren Einklang mit mir selbst.

Jesus rechnet damit, dass wir zu diesem wahren Selbst erst dann vorstoßen, wenn manche Illusionen zerbrochen werden, die wir uns vom Leben gemacht haben.

Durch alles, was uns in diesem Leben widerfährt, was unsere Lebenspläne durchkreuzt, sollen wir in die Gestalt hineinwachsen, die Gott sich von uns erträumt hat.

5

Miteinander leben

Gott hat uns die Liebe als die Kraft geschenkt,
die Felsen in Wasserquellen, die Wüste in Oasen,
die trockene Steppe in Ströme sprudelnden Wassers
verwandeln kann.

Mach anderen eine Freude

Eine große Gefahr unserer Zeit ist, dass wir vor lauter Narzissmus gar nicht mehr sehen, was den Menschen in unserer Nähe guttäte. Und wir übersehen damit auch, was wir selbst bräuchten. Denn indem wir nur um unsere Bedürfnisse kreisen, werden wir niemals zufrieden sein. Unsere eigenen Bedürfnisse sind wie ein Fass ohne Boden. Wenn wir aber von uns wegsehen, wenn wir uns in die Menschen um uns herum hineindenken und wenn uns dann spontan einfällt, was dem anderen guttäte und ihm eine Freude bereiten würde, bringt uns das von dem dumpfen Gefühl der Wert- und Sinnlosigkeit weg.

Indem wir anderen eine Freude machen, wächst auch in uns die Freude am Leben.

Wir haben auf einmal das Gefühl, für andere noch von Bedeutung zu sein. Wir können anderen eine Freude machen, wir können etwas bewirken. Wir können die Stimmung um uns herum verbessern – und damit verwandeln wir auch unsere eigene Gefühlslage. Indem wir anderen eine Freude machen, wächst auch in uns wieder die Freude am Leben. Wir müssen uns dann nicht den Kopf darüber zerbrechen, ob das jetzt egoistisch ist oder nicht, ob wir das nur tun, damit es uns selbst besser gehe. Wir dürfen dem Gefühl trauen, dass es uns und dem anderen guttut. – Das ist wohl ein inneres Gesetz der Freude, dass sie sich ausbreiten und zum anderen hinströmen möchte. Und indem sie zum anderen fließt, fließt sie auch zu uns zurück.

Eine amerikanische Untersuchung hat festgestellt, dass „Menschen, die anderen Menschen helfen, sich durchweg gesundheitlich besser fühlen als andere Personen ihrer Altersgruppe". Sie spricht vom „Helfer-Hoch." Wer anderen hilft und ihnen eine Freude macht, erlebt in sich „plötzliche Wärme, gesteigerte Energie und ein Gefühl der Euphorie". Offensichtlich wirkt die Bereitschaft, anderen eine Freude zu machen, positiv auf uns selbst zurück.

Ich erlebe immer wieder Menschen, die sich grenzenlos freuen können, wenn es ihnen gelungen ist, anderen eine Freude zu machen. Das weckt in ihnen wirklich neue Energie und Phantasie.

AUS DER BENEDIKTREGEL:

Der Gute Kern im anderen

Gott spricht durch Menschen

„Mitmenschlichkeit", das große Schlagwort unserer Zeit, ist für Benedikt von Nursia kein Gegensatz zu einer frommen Liebe zu Gott. Die soziale Dimension ist immer schon religiös, denn im Bruder wie in der Schwester begegnen wir Christus selbst. Der Glaube an Gott konkretisiert sich für Benedikt im Glauben an den guten Kern im Mitmenschen. Daher drückt sich der Glaube aus in einem neuen Umgang miteinander. Das ist für Benedikt die Grundlage wahrer Humanität. Es ist keine erbauliche Idee, sondern Wirklichkeit, die uns in den alltäglichen Situationen immer wieder betrifft. So spricht Benedikt im Kapitel über den Brüderrat, dass der Abt alle Brüder zum Rat rufen sollte, „weil der Herr oft einem Jüngeren offenbart, was das Bessere ist" (Regula Benedicti 3, 3). Für Benedikt ist es also klar, dass der Herr durch Menschen zu uns spricht, dass er durch jeden zu uns sprechen kann, auch durch einen Jüngeren, der vielleicht weniger Erfahrung und Wissen besitzt.

Im Bruder wie in der Schwester begegnen wir Christus selbst.

Der neue Blick

So könnte uns Benedikt eine Hilfe sein, mit unserem Glauben an die Gegenwart Christi im Bruder wie in der Schwester Ernst zu machen, miteinander aus diesem Glauben heraus umzugehen, zwischenmenschliche Probleme, Spannungen, Antipathien, Aggressionen von der Wirklichkeit Christi im Anderen her anzugehen. Wir spüren, dass sich da in uns schier unüberwindliche Barrieren aufbauen. Und mit viel Vernunft und Logik finden wir dann immer genügend Gründe, dass man es doch nicht so einfach sehen könne, dass man da unterscheiden müsse und so weiter. Benedikt spricht vom Glauben an die Gegenwart Gottes so, als ob es das Natürlichste von der Welt wäre. Und vielleicht kann uns das helfen, über unsere vernünftigen Gründe, über unsere Vorwände hinweg den Schritt in die Realität zu wagen und die Gegenwart Christi im Bruder so ernst zu nehmen, dass sie unser Verhalten, unsere Gebärden, unsere Worte und Blicke bestimmt.

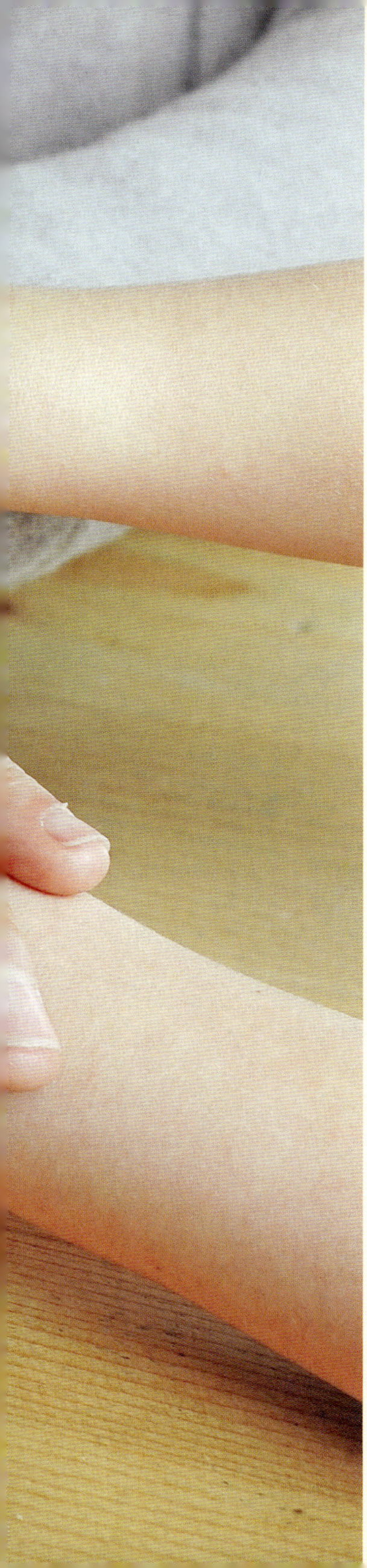

Einander verzeihen

Ob wir wollen oder nicht, immer wieder versagen wir, tun wir nicht, was wir eigentlich wollen. Oft genug beschimpfen wir uns dann selbst. Wir können uns selbst nicht vergeben, dass wir nicht so gehandelt haben, wie wir eigentlich wollten. Wir können uns nicht vergeben, wenn wir etwas, was wir versprochen haben, nicht halten konnten.

Das Verzeihen jedoch vergoldet unser Versagen. Im Verzeihen verzichten wir auf die Beurteilung unseres Handelns. Wir lassen es einfach sein. Das Verzeihen verwandelt unser Versagen in etwas Wertvolles. Es hat uns von der Illusion befreit, als ob wir immer das tun könnten, was wir gerne wollten. Wir haben uns selbst besser kennengelernt. Und wir sind gelassener und freier geworden. Wir hören auf, uns ständig unter Druck zu setzen, dass wir perfekt sein müssten. Die heitere Gelassenheit, die das Verzeihen bewirkt, vergoldet unser Leben.

Dort, wo wir Versöhnung stiften, bauen wir am Reich Gottes dieser Welt mit.

Doch Verzeihen richtet sich nicht nur auf uns selbst, sondern auch auf den andern. Im täglichen Miteinander verletzen wir uns, auch wenn wir uns alle Mühe geben, den andern achtungsvoll zu behandeln. Das Verzeihen rechnet nicht auf. Es verzichtet auf jedes Gegeneinander-Aufrechnen. Es schafft Versöhnung. Es löst den Bann der Vergeltung.

Aus der Quelle
Die Liebe ist eine Quelle,
aus der wir schöpfen dürfen.
Wenn wir aus dieser Quelle heraus leben,
dann geht Gutes von uns aus.

Herzerwärmend
Wenn Worte eines Menschen
aus seinem Herzen kommen,
tragen sie Wärme in sich
und können auch das Herz
eines anderen Menschen erwärmen.

Segen für die Welt
Die Liebe
vermag unser Leben zu wandeln.
Sie bringt nach außen hin Frucht
und wird so zum Segen für diese Welt.

Menschliche Gemeinschaft

„Ich bin bei euch alle Tage bis zum Ende der Welt."

Gott hat nicht nur einen Traum vom einzelnen Menschen, sondern auch von der menschlichen Gemeinschaft. So zeigt Gott seinen Traum vom wahren Jerusalem dem Propheten Jesaja in einer Vision. Es ist der Traum der Völkerwallfahrt. Alle Völker werden zum heiligen Berg in Jerusalem ziehen: „Denn von Zion kommt die Weisung des Herrn, aus Jerusalem sein Wort." (Jes 2,3) Die Menschen werden in Frieden miteinander leben und gemeinsam auf Gottes Wort hören und es befolgen. Jesus greift diesen Traum Gottes von der einen Welt, die unter Gottes Weisung zusammenfindet, am Ende des Matthäusevangeliums auf.

Da schickt der Auferstandene die Jünger in alle Welt, damit sie alle Menschen zu seinen Jüngern machen: „Lehrt sie, alles zu befolgen, was ich euch geboten habe. Seid gewiss: Ich bin bei euch alle Tage bis zum Ende der Welt.“ (Mt 28,20)

Die Jünger sollen im Namen Jesu alle Menschen zu einer einzigen Gemeinschaft zusammenführen, die sich nach Gottes Weisung richtet. Der Geist Jesu soll nicht nur einzelne Menschen prägen, sondern die ganze Welt. Wie sich Jesus diese Gemeinschaft vorstellt, das schildert uns Lukas in der Apostelgeschichte: „Die Gemeinde der Gläubigen war ein Herz und eine Seele. Keiner nannte etwas von dem, was er hatte, sein Eigentum, sondern sie hatten alles gemeinsam.“ (Apg 4,32) Für Lukas ist das ein Beweis, dass das Reich Gottes wirklich zu uns gekommen ist. Das Reich Gottes ist in jedem Einzelnen. Es drückt sich aber auch in einem neuen Miteinander aus, in einem Miteinander von Arm und Reich, von Juden und Griechen, von Männern und Frauen, von Jungen und Alten. Der Traum Gottes von der Menschheit spiegelt sich auch in Träumen wider, die die Menschen von der Welt haben. Es gibt immer wieder Menschen, die diesen göttlichen Traum von der einen Völkergemeinschaft aufgreifen. Dag Hammarskjöld, der schwedische Politiker und Mystiker, war erfüllt vom Traum, dass die Völker in Frieden zusammenleben. Der amerikanische Bürgerrechtler und Baptistenpfarrer Martin Luther King träumte vom gemeinsamen Weg zwischen Schwarz und Weiß. Er griff bewusst den Traum Jesu von der Gleichheit aller Menschen auf: „Vor 2000 Jahren sagte eine Stimme aus Bethlehem, dass alle Menschen gleich sind.“ Im Auftrag Jesu liebt er auch die, die ihn und seine Freunde bekämpfen: „Wir werden so lange an euer Herz und eure Seele appellieren, bis wir auch euch gewonnen haben.“

Das Reich Gottes drückt sich in einem neuen Miteinander aus.

Solche Träume haben die Welt vorangebracht. Und sie haben den Träumenden eine Kraft verliehen, die letztlich alle Widerstände gewaltlos überwunden hat. Dass heute ein Schwarzer Präsident der Vereinigten Staaten ist, ist eine Erfüllung des Traums, den Martin Luther King verkündet hat. Natürlich müssen wir uns immer wieder fragen, ob unsere Träume von der Welt dem Traum Gottes entsprechen. Martin Luther King hat sich im Gebet diese Frage gestellt. Im Gebet wurde ihm klar, dass sein Traum dem Traum Gottes von der Welt entsprach. So waren das Gebet und die Begegnung mit Gott und seinem Traum von der Welt für ihn die Quelle, aus der er in seinem politischen Engagement geschöpft hat.

Viele Heilige hatten einen Traum von einem neuen Miteinander. Der heilige Benedikt träumte von einer Gemeinschaft von Mönchen, die wahrhaft Gott suchten, die Christus nichts vorzogen und in ihrem Dienst für Gott und für die Menschen diese Welt im Geiste Jesu gestalteten. Sein Traum hat ihn dazu geführt, mitten im Chaos der Völkerwanderungszeit eine kleine Gemeinschaft zu gründen, die über die Jahrhunderte sich in Montecassino einwurzelte und später viele Gemeinschaften entstehen ließ, die für ihre Umwelt zu Quellen der Hoffnung wurden, dass ein neues Miteinander möglich ist.

Viele Heilige hatten einen Traum von einem neuen Miteinander.

6 Aus lauter Freude – singen und danken

Die Musik ist ein Weg,
um die innere Quelle
von Liebe und Freude
und Frieden zu spüren.

Lobet
DEN NAMEN DES HERRN

Lobet, ihr Knechte des Herrn,
lobt den Namen des Herrn!
Der Name des Herrn sei gepriesen
von nun an bis in Ewigkeit!
Vom Aufgang der Sonne bis zu ihrem Untergang
wird gelobt der Name des Herrn.
Erhaben ist der Herr über alle Völker,
über die Himmel seine Herrlichkeit.
Wer gleicht dem Herrn, unserm Gott,
der oben thront in der Höhe,
der in die Tiefe niederschaut
auf Himmel und Erde?
Den Geringen richtet er auf aus dem Staub,
aus dem Schmutz erhebt er den Armen:
Er lässt ihn thronen bei Fürsten,
bei den Fürsten seines Volkes.
Die Kinderlose des Hauses lässt er thronen
als frohe Mutter von Kindern.

Psalm 113

Es gibt viele Psalmen, die uns auffordern, Gott zu loben. Psalm 113 zeichnet uns ein sehr ansprechendes Bild des Gottes, den wir preisen sollen. Von diesem unvergleichlichen Gott, der anders ist als alle Götter und Götzen, die die Menschen in seiner Umgebung anbeten, singt der Psalmist: „Den Geringen richtet er auf aus dem Staub, aus dem Schmutz erhebt er den Armen ... Die Kinderlose des Hauses lässt er thronen als frohe Mutter von Kindern.“ (Ps 113,7.9) Es ist der Gott, der die Maßstäbe der Menschen umstürzt. Im Magnifikat, dem Lobgesang Mariens, begegnen wir dem gleichen Gott. Er lässt die Reichen leer ausgehen, während er die Hungernden mit Gütern erfüllt.
Wenn ich immer wieder diesen Vers singe, dann zieht vor meinem geistigen Auge mein Leben vorbei. Und bei jedem Singen tauchen andere Erfahrungen in mir auf, warum ich den Namen des Herrn loben mag …
All das ist Grund genug, Gottes Namen zu loben. Ich kann mit den ständigen Aufforderungen, Gott zu loben, aber auch noch anders umgehen. Augustinus spricht vom Jubilus. Das ist ein Singen ohne Wort. Augustinus meint, wenn das Herz so voll ist von Freude, dann verlässt es die Worte und fängt einfach an zu singen, „damit sich das Herz ohne Worte freue und die unendliche Weite der Freude keine Grenze habe an den Worten.“ (Augustinus in seiner Auslegung von Ps 32,8)
Ich singe zwar Worte. Aber es sind immer wieder die gleichen Worte. Ich denke nicht an die Worte, sondern lasse in diesen wenigen Worten die innere Freude aufklingen, damit sie mehr und mehr das ganze Herz durchdringt. Das Singen verwandelt mich. Es führt mich in den Grund meiner Seele, in dem die Freude Gottes bereitliegt, die unzerstörbare Freude, die vollkommene Freude, die Jesus uns verheißen hat (vgl. Joh 15,11).

Das Singen führt mich in den Grund meiner Seele, in dem die Freude Gottes bereitliegt.

Singen im Jubel

Ein Zugang zur oft verborgenen Quelle der Freude ist die Musik. Die Griechen sagen: „choros“, der Chorgesang, komme von „chara“, der Freude. Das Singen bringt uns in Berührung mit der Quelle der Freude in uns. Diese Erfahrung machen viele Menschen. Sie singen gerne, alleine oder in einem Chor. Sie sagen, das Singen tue ihnen gut. Wenn ich genauer nachfrage, dann können sie bestätigen: Nach dem Singen fühlen sie sich innerlich aufgeräumt. Sie kommen mit ihrer Freude in Berührung.

Der Kirchenvater Augustinus, der eine eigene Theologie der Musik entfaltet hat, meint: Das Singen führe uns in das Innerste unserer Seele. Es bringe uns in Berührung mit dem Grund unserer Seele, in dem die Freude wie eine Quelle in uns strömt.

Oft haben wir keine Worte, diese Freude auszudrücken. Dann singen wir ohne Worte. Augustinus nennt das den „Jubilus“: Ein Singen ohne Worte, ein Singen voller Freude, das aus dem übervollen Herzen strömt.

In seiner Auslegung des Verses 8 aus Psalm 32 „Singt ihm ein neues Lied“ sagt Augustinus: „Siehe, wie der Herr dir die rechte Weise zu singen schenkt: Suche nicht nach Worten, als ob du erklären könntest, woran sich Gott erfreut. Singe jubelnd (in jubilatione): das heißt nämlich, Gott gut zu singen, jubelnd singen.

Was ist dieses Singen im Jubel? Nicht verstehen und nicht mit Worten ausdrücken können, was mit dem Herzen gesungen wird. Denn die bei der Ernte, im Weinberg oder bei einer andern anstrengenden Arbeit singen, fangen zuerst an, mit Worten und Liedern ihre Freude auszudrücken. Doch wenn sie so voller Freude sind, dass sie sie mit Worten nicht mehr ausdrücken können, wenden sie sich von den Worten mit ihren Silben ab und gehen zum Jubilieren über.“

Lobe den Herrn, MEINE SEELE

Lobe den Herrn, meine Seele,
und alles in mir seinen heiligen Namen!
Lobe den Herrn, meine Seele,
und vergiss nicht, was er dir Gutes getan hat.
All deine Schuld vergibt er,
alle deine Gebrechen heilt er.
Aus dem Untergang erlöst er dein Leben,
er krönt dich mit Erbarmen und Liebe.
Er sättigt dein Leben mit Gutem;
wie dem Adler wird dir die Jugend erneuert.
Der Herr ist barmherzig und gnädig,
voll Langmut und reich an Liebe.
Er wird nicht rechten für immer
und trägt nicht ewig nach.
Er handelt an uns nicht nach unsern Sünden,
vergilt uns nicht nach unsrer Schuld.
Denn so hoch der Himmel über der Erde,
so machtvoll ist seine Liebe über denen, die ihn fürchten.
Lobt den Herrn, ihr seine Werke alle
an allen Orten seiner Herrschaft!
Du, meine Seele, lobe den Herrn!

Psalm 103,1-5.8-11.22

Wohl jeder hat in seinem Leben schon erfahren, dass Gott Gutes an ihm getan hat. Maria hat in ihrem Loblied Gott gepriesen, dass er auf sie, die niedrige Magd, geschaut hat. Wir dürfen dankbar sein dafür, dass wir in der Welt sind, dass wir einmalig sind, von Gott mit unserem Namen gerufen. Gott hat uns Gaben geschenkt. Die größte Gabe ist die Fähigkeit zu lieben. Der Ruf fordert uns auf, nie zu vergessen, was Gott uns Gutes getan hat. Wir sind oft fixiert auf das, was uns zu schaffen macht, und vergessen das, was uns geschenkt worden ist. Der Psalm fordert uns zur Dankbarkeit auf. Danken kommt von denken. Wir sind oft gedankenlos und denken nicht mehr an das Gute, das wir empfangen haben.
Der Psalmist dankt Gott dafür, dass er unsere Schuld vergibt und unsere Gebrechen heilt. Es ist ein heilender und befreiender Gott. Vor ihm können wir unsere Schuldgefühle ablegen. Gott nimmt uns bedingungslos an. Er entmachtet in uns den inneren Richter, das eigene Über-Ich, das uns ständig anklagt. Gott ist wie ein Vater, der sich seiner Kinder erbarmt. Und Gott rettet uns vor dem Untergang. Wie dem Adler erneuert er uns die Jugend. Gott ist der ewig Neue, der uns erneuert, wenn wir träge geworden sind und wenn die Vergangenheit uns belastet. Wenn wir Gott im Loblied dafür preisen, was er an uns getan hat und ständig tut, dann erfahren wir im Singen Gottes heilende und liebende Nähe. Dann sind wir nicht gedankenlos, sondern dankbar, dann vergessen wir nicht, sondern erinnern uns. Wir bringen das, was wir erfahren haben, in unser Herz, damit es sich dort heilend auswirkt.

Bibliografische Information der Deutschen Nationalbibliothek
Die Deutsche Nationalbibliothek verzeichnet diese Publikation in der Deutschen Nationalbibliografie; detaillierte bibliografische Daten sind im Internet über http://dnb.d-nb.de abrufbar.

Quellenverzeichnis

Die Texte sind entnommen aus den folgenden Veröffentlichungen von Anselm Grün:
S. 7, 19, 33, 35 u, 40, 47, 48 o, 57 u, 59, 65-67: aus: Neu beginnen 2013.
S. 8-17, 60/61, 74/75: aus: Freu dich am Leben
S. 18, 72/73, 76/77: aus: Wenn ich rufe, gib mir Antwort. Psalmen, die mein Leben begleiten.
S. 20-32: aus: Du bist ein Segen
S. 34-39, 41-43, 64: aus: Auf der Suche nach dem inneren Gold.
S. 44-46, 62/63: aus: Benedikt von Nursia. Seine Botschaft heute, 2004.
S. 48-58, 68-70: aus: Lebensträume. Wegweiser zum Glück.

Bilder
Vorsatz: © Julie Hagan/shutterstock
S. 6: © Claudio Calcagno/Fotolia
S. 7: © Andrii Salivon/Fotolia
S. 8: © Kenneth V. Pilon/shutterstock
S. 9: © fotobeam.de/Fotolia
S. 11: © veneratio/Fotolia
S. 12: © Lovrencg/Fotolia
S. 14: © paradiselost/Fotolia
S. 15: © Carlos A. Oliveras/shutterstock
S. 16: © Pakhay Oleksandr/Fotolia
S. 18: © Wendy Kaveney/Fotolia
S. 19: © Leonid Tit/Fotolia
S. 20: Verlagsarchiv
S. 22: © Elena Elisseeva/shutterstock
S. 24: © Noam/Fotolia
S. 27: © Dumitru Andrei/Fotolia
S. 28: © racamani/Fotolia
S. 29: © pgm/Fotolia
S. 30: © Peter38/shutterstock
S. 32: © kubais/Fotolia
S. 33: © Alexander/Fotolia
S. 34: © Mathias Weigand/Fotolia
S. 37: © Piotr Marcinski/Fotolia
S. 38: © victoria p./Fotolia
S. 39: © Jean-Jaques Cordier/Fotolia
S. 40: © Alessia/Fotolia
S. 42: Dionisvera/Fotolia
S. 43: © hs-creator/Fotolia
S. 44: © Beverley Grace/Fotolia
S. 45: © Frank Seifert/Fotolia
S. 46: © Micha/Fotolia
S. 47: © Gerhard Führing/Fotolia
S. 49: © Stefan Körber/Fotolia
S. 50: © Delphimages/Fotolia
S. 52: © Sergiy Serdyuk/Fotolia
S. 54: © Angela/Fotolia
S. 55: © Tyler Olson/Fotolia
S. 56: © picsfive/Fotolia
S. 59: © BlueOrange Studio/Fotolia
S. 60: © Véronique Duchiron/Fotolia
S. 61: © Stefan Körber/Fotolia
S. 62: © Vladimir Melnikov/Fotolia
S. 63: © roby1960/Fotolia
S. 64: © granata68/Fotolia
S. 66/67: © gudrun/Fotolia
S. 68: © Michael Nivelet/Fotolia
S. 70: © MAXFX/Fotolia
S. 71: © Liliia Rudchenko/Fotolia
S. 72: © Galyna Andrushko/Fotolia
S. 73: © Ingus Overtovskis/Fotolia
S. 74: © Dmitry Pichugin/Fotolia
S. 77: © gudrun/Fotolia

Besuchen Sie uns im Internet:
www.st-benno.de

Gern informieren wir Sie unverbindlich und aktuell auch in unserem Newsletter zum Verlagsprogramm, zu Neuerscheinungen und Aktionen. Einfach anmelden unter www.st-benno.de.

ISBN 978-3-7462-3657-5

Umschlag: Ulrike Vetter, Leipzig
Umschlagabbildungen: © gunnar3000/Fotolia; picture-alliance, Frankfurt a. M. (Portrait)
Gesamtherstellung: Arnold & Domnick, Leipzig (A)